Essentials liefern aktuelles Wissen in konzentrierter Form. Die Essenz dessen, worauf es als „State-of-the-Art" in der gegenwärtigen Fachdiskussion oder in der Praxis ankommt. Essentials informieren schnell, unkompliziert und verständlich.

- als Einführung in ein aktuelles Thema aus Ihrem Fachgebiet
- als Einstieg in ein für Sie noch unbekanntes Themenfeld
- als Einblick, um zum Thema mitreden zu können.

Die Bücher in elektronischer und gedruckter Form bringen das Expertenwissen von Springer-Fachautoren kompakt zur Darstellung. Sie sind besonders für die Nutzung als eBook auf Tablet-PCs, eBook-Readern und Smartphones geeignet.

Essentials: Wissensbausteine aus Wirtschaft und Gesellschaft, Medizin, Psychologie und Gesundheitsberufen, Technik und Naturwissenschaften. Von renommierten Autoren der Verlagsmarken Springer Gabler, Springer VS, Springer Medizin, Springer Spektrum, Springer Vieweg und Springer Psychologie.

Jan Mayer

Führung im Spitzensport

Von Strategien erfolgreicher Trainer profitieren

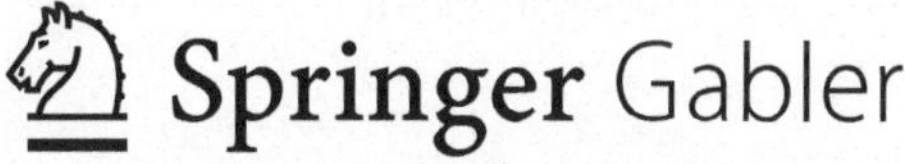

Jan Mayer
Deutsche Hochschule für Prävention und
Gesundheitsmanagement
Hermann Neuberger Sportschule
Saarbrücken
Deutschland

ISSN 2197-6708 ISSN 2197-6716 (electronic)
essentials
ISBN 978-3-662-45787-0 ISBN 978-3-662-45788-7 (eBook)
DOI 10.1007/978-3-662-45788-7

Springer Gabler

Gedruckt auf säurefreiem und chlorfrei gebleichtem Papier

Springer-Verlag Berlin Heidelberg ist Teil der Fachverlagsgruppe Springer Science+Business Media (www.springer.com)

Was Sie in diesem Essential finden können

- Besonderheiten der Trainerrolle im Spitzensport
- Voraussetzung für Spitzenleistung: individuelle und kollektive Kompetenzerwartung
- Führung systemisch verstehen
- Grundhaltungen erfolgreicher Trainer: ausgeprägte eigene Kompetenzerwartung, Prozessorientierung, Vertrauen

Vorwort

Dieser Beitrag basiert auf dem Buch „Die Zukunft der Führung“ von Sven Grote, erschienen 2013 im Springer Verlag. Wissenschaftlich fundiert und praxisnah reflektieren in diesem Herausgeberwerk über 30 Autoren Vergangenheit, Gegenwart und Zukunft der Führung.

Für die Veröffentlichung in der Reihe „Essentials“ wurde der Text aktualisiert.

Inhaltsverzeichnis

1 Herausforderung der Führung im Spitzensport

Der Trainerjob kann ein Drecksjob sein. Er ist für viele Kollegen ein Schleudersitz: Bevor sie zeigen konnten, was sie draufhaben, sind sie wieder weg vom Fenster. Dann fragt keiner: ‚Woran lag es eigentlich?'
(Jürgen Klopp, Fußballtrainer von Borussia Dortmund, zit. nach Hermann und Mayer 2014, S. 46).

Im Gegensatz zum Anwendungsfeld Wirtschaft, in dem oft nicht klar definiert ist, an welchen Kriterien eigentlich erfolgreiches Führen festzumachen ist (Neuberger 2002), ist im Spitzensport das genau entgegengesetzte Extrem vorzufinden: Das einzig zählende Kriterium ist der sportliche Erfolg, der sich in Siegen, Punkten, Platzierungen und Tabellenständen widerspiegelt.

Dabei ist im Spitzensport der kurzfristige Erfolg gar nicht so selten und unter Umständen in keiner Weise mit adäquatem Führungsverhalten in Verbindung zu bringen.

Die Herausforderung für erfolgreiche Führung im Spitzensport besteht darin, kontinuierlich erfolgreich zu sein. Und kontinuierlicher Erfolg geht mit einer außergewöhnlichen hoch ausgeprägten intrinsischen Motivation der Sportler einher.

J. Mayer, *Führung im Spitzensport*, essentials,
DOI 10.1007/978-3-662-45788-7_1

Kontinuierlicher Erfolg

Der Spitzensport bietet unzählige Beispiele von erfolgreichen Teams, die unmittelbar nach einem großen Erfolg scheitern und bittere Misserfolge hinnehmen müssen. Ein sehr eindrucksvolles Beispiel hierfür lieferte 2010 der amtierende Fußballeuropameister Frankreich bei der WM in Südafrika (Ausscheiden in der Vorrunde mit nur einem erzielten Tor). Anscheinend passiert im Erfolgsfall etwas mit dem Team und den Führungskräften, das ein dauerhaftes erfolgreiches Agieren torpediert. Es gilt in vielen Sportarten als eine besondere Herausforderung, nicht nur einmal maximal erfolgreich zu sein, sondern jedes Jahr erneut den maximalen Erfolg anzustreben.

Hohe intrinsische Motivation

Um kontinuierlich erfolgreich zu sein, muss eine hohe intrinsische Motivation aller Teammitglieder vorliegen. Eine intrinsische Motivation liegt dann vor, wenn eine Person aus eigenem Antrieb handelt (Rheinberg 2000), die Motivation aus der Tätigkeit an sich erhält. Eine intrinsisch motivierte Person handelt mit vollem Interesse und Engagement – die materielle Belohnung spielt eine untergeordnete Rolle. Insbesondere individuelle und auch kollektive Leistungsfähigkeit tragen maßgeblich zu einer intrinsischen Motivation von Leistungssportlern bei. Wenn dem Sportlern also vermittelt werden kann, dass durch intensives und konsequentes Training sich die Leistungsfähigkeit verbessert, kann auch leistungsorientiertes Training intrinsisch motivierend wirken.[1]

Der Spitzensport stellt ein Anwendungsfeld für Führungstheorien dar. In der Praxis bestehen Mischformen verschiedener theoretischer Ansätze, die klare Abgrenzung einer Führungstheorie im Spitzensport ist nicht zu erkennen. Aus der Zusammenarbeit des Verfassers dieses Beitrags mit vielen hochklassigen Trainern (von Nationalmannschaften, Proficlubs etc.) der unterschiedlichsten Sportarten und der Beobachtung des Führungsverhaltens dieser Trainer ergeben sich „gemeinsame Nenner" hinsichtlich des erfolgreichen Führungsverhaltens. Bei dieser Beobachtung konnte festgestellt werden, dass es gar nicht so sehr darum geht, was der einzelne Coach mit den Spielern oder der Mannschaft macht, es sind vielmehr grundlegende Einstellungen oder Grundhaltungen, die die erfolgreichen von

[1] Es sei an dieser Stelle darauf hingewiesen, dass man es hier nicht mit einer Kausalbeziehung der beiden Kriterien „dauerhafter Erfolg" und „intrinsische Motivation aller Beteiligter" zu tun hat, sondern vielmehr mit korrelativen oder interaktionalen Zusammenhängen.

den weniger erfolgreichen Trainern zu unterscheiden scheinen (vgl. Hermann und Mayer 2014).

Die hier vorgestellten Grundhaltungen erheben keinesfalls den Anspruch auf Allgemeingültigkeit oder Vollständigkeit. Es sind die aus der Sicht eines Sportpsychologen subjektiv eingeschätzten wichtigsten Grundhaltungen eines Trainers, die durch ein theoretisches Gerüst fundiert werden sollen.

Zunächst sollen Besonderheiten der Rolle des Trainers im Spitzensport festgehalten werden. Diese sind die Rahmenbedingungen, unter denen der Trainer agiert. Die Besonderheiten der Trainerrolle sind hilfreich bei der Frage des Transfers der hier vorgestellten Beobachtungen in andere Anwendungsfelder von Führung, wie z. B. in Unternehmen und Wirtschaftsorganisationen.

Zum Rollenverständnis des Trainers

Nach Bette (1984) nimmt der Trainer eine Schlüsselstellung im Hochleistungssport ein. Zum einen hat er eine hohe Machtposition inne und trägt Verantwortung für die Sportler und deren sportliche Entwicklung. Zum anderen ist der Trainer vielfältigen äußeren Erwartungen ausgesetzt, was dazu führt, dass sich die Arbeit des Trainers im Hochleistungssport in erster Linie nach dem kurzfristigen, sportlichen Erfolg ausrichtet. Grundsätzlich sind folgende Besonderheiten der Trainerrolle festzustellen (vgl. u. a. Bette 1984):

a. **Die Erfolgs- und Wettbewerbsorientierung im Hochleistungssport bei absoluter Abhängigkeit von anderen (den Athleten)**
   Der erfolgreiche Trainer zeichnet sich durch Erfolge seiner Sportler aus. Somit wird die Variable „Leistung des Sportlers" oder „Leistung der Mannschaft" zum zentralen Ziel der Führungsaufgabe. Der Trainer ist damit in der unangenehmen Situation, den heiß umkämpften Erfolg nur über andere, die Sportler, erreichen zu können (Bette 1984).
b. **Die Öffentlichkeit des Rollenhandelns**
   Aufgrund der Massenmedien sind Athleten und auch Trainer einer breiten Öffentlichkeit bekannt. Dabei stellt der Trainer einen besonders nachgefragten Ansprechpartner dar. Daraus folgt, dass er sich eine Überprüfung seiner Arbeit gefallen lassen muss. Sein Handeln wird permanent, oft auch von Laien, hinterfragt. Häufig wird mit der Beurteilung des Wettkampfs, dem Sieg oder der Niederlage, die Trainerarbeit jedoch auf eine Dimension (Erfolg oder Misserfolg) reduziert. Die Öffentlichkeit nimmt bei wichtigen Wettkämpfen nur allzu schnell eine Personalisierung des Misserfolgs vor (Bette 1984).

c. **Die Fristigkeit des Rollenhandelns**
   Die Position eines Trainers, wie auch die Institution, in der er arbeitet, ist von ständigen Erfolgsmeldungen abhängig. Der Trainer steht permanent unter Erfolgs- und Zeitdruck. Im Falle von anhaltendem Misserfolg reagiert das System durch Austausch des Rollenträgers: Der Trainer wird entlassen, ein anderer eingestellt, ohne dass darüber hinaus eine Änderung eintreten müsste (Bette 1984).

Prinzipiell ist davon auszugehen, dass im Spitzensport die exponierten Erfolgstrainer das Image der Berufsgruppe bestimmen (Hagedorn 1987). Dies führt dazu, dass berufliche Qualifikation, außergewöhnliches Wissen oder pädagogisch-psychologische Fähigkeiten nicht nur relativ wenig zählen, häufig für die Beurteilung des Trainers sogar irrelevant werden (vgl. Hermann und Mayer 2014).

2 Führung systemisch verstehen

Um zu verstehen, wie der Trainer mit diesem Rollenverständnis dauerhaft erfolgreich sein kann, soll ein Exkurs in systemische Zusammenhänge als Ausgangsbasis dienen.

Das Thema Führung systemisch zu betrachten ist eine zwangsläufige Folge aus der wachsenden Komplexität von Organisationen und deren Umwelt (vgl. Steinkellner 2006). Auch Teams im Spitzensport zeichnen sich durch ein hohes Maß an Undurchschaubarkeit, Unberechenbarkeit und Unvorhersehbarkeit aus. Ein systemischer Führungsansatz akzeptiert diese komplexe Struktur, anstatt zu versuchen, diese „sinnzerstörend zu reduzieren" (Steinkellner 2006, S. 87). Im Folgenden soll der systemische Ansatz des Autopoiese-Modells von Maturana und Varela (1987) kurz vorgestellt werden.

Systemischer Ansatz – Autopoiese-Modell nach Maturana und Varela

Von Bertalanffy (1969) definiert Systeme als Gebilde, die aus einer Menge miteinander verknüpfter Elemente bestehen. Biologische Ansätze zur systemischen Definition von Lebewesen führten zum Begriff der lebenden Systeme (Paslack 1991). Lebende Systeme zeichnen sich durch eine Eigendynamik aus, die sie aktiv aufrechterhalten (Metabolismus). Dabei streben lebende Systeme nach einem homöostatischen Zustand, also nach einem Gleichgewicht. Sie sind aber stets Einwirkungen von außen ausgesetzt und befinden sich im Ungleichgewicht (Heterostaseprinzip). Lebende Systeme sind somit ständig „*an der Arbeit*" (Capra 1985,

J. Mayer, *Führung im Spitzensport,* essentials,
DOI 10.1007/978-3-662-45788-7_2

S. 300). Man nennt diesen Zustand oder Prozess auch dynamische Stabilität. Hierauf aufbauend entwickelten die Biologen und Erkenntnistheoretiker Maturana und Varela (1987) das Konzept eines systemischen Verständnisses des Lebendigen, das Konzept der Autopoiese. Sie charakterisieren lebende Systeme dadurch, dass diese sich andauernd selbst erzeugen, und nennen diese definierende Organisation Autopoiese.

Selbstorganisation als Charakteristikum autopoietischer Systeme impliziert Autonomie, denn Selbstorganisation verläuft nach systemeigenen Gesetzen und nach systemeigener Logik. Maturana und Varela bezeichnen diese systemeigene Logik auch als Struktur eines Systems. Diese Struktur verändert sich ständig. Man nennt dies auch strukturellen Wandel oder Ontogenese. Er findet in jedem Augenblick statt: entweder ausgelöst durch Interaktionen aus der umgebenden Umwelt oder als Ergebnis der inneren Dynamik des Systems.

Das System verarbeitet Interaktionen mit der Umwelt immer im Einklang mit der eigenen Struktur. Dies impliziert, dass mögliche Veränderungen, die lebende Systeme durchlaufen, durch ihre Struktur determiniert sind. Nach diesem Verständnis ist jede Einwirkung von außen auf ein lebendes System eine Störung (Perturbation), die autonom verarbeitet wird. Das heißt, bei den Interaktionen zwischen dem autopoietischen System und seiner Umwelt determinieren die Perturbationen der Umwelt nicht, was mit dem System geschieht, sondern es ist vielmehr die Struktur des Systems, die determiniert, ob und zu welchem Wandel es infolge der Perturbation in ihm kommt (Maturana und Varela 1987).

Das bedeutet auch, dass nur als relevant interpretierte Einwirkungen von außen zu einer Strukturveränderung des Systems führen können. Lebende Systeme verändern sich also nur aufgrund solcher Einwirkungen. Sie sind somit von außen nicht konstruktiv regulierbar (von Schlippe und Schweitzer 1999).

Nach diesem Verständnis können Umwelteinflüsse ein System lediglich anstoßen, anregen oder verstören. Die Idee, dass Umweltinstanzen kontrollieren können, was in einem lebenden System passiert, ist in den Worten Fischers (1993, S. 24) „*Beobachterfiktion*". Doch wie kann überhaupt so etwas wie Austausch zwischen autopoietischen Systemen (z. B. den Spielern einer Mannschaft oder zwischen Trainer und Spieler) stattfinden, wenn sie füreinander nur Anstöße oder Verstörungen darstellen, die der eigenen Struktur gemäß verarbeitet werden?

Maturana (1982) spricht bei der Beantwortung dieser Frage von struktureller Kopplung, in der sich die beteiligten Systeme so organisiert haben, dass ihre Interaktionen einen rekursiven und sehr stabilen Charakter haben. Rekursiv heißt, dass die Systeme sich gegenseitig verstören oder anregen. Diese Perturbationen passen aber zueinander und werden in gleicher Weise interpretiert und verarbeitet. Die strukturelle Kopplung autopoietischer Systeme ermöglicht die Bildung von Systemen höherer Ordnung (Maturana und Varela 1987) – aus Spielern und Trainer wird ein Team.

Am Beispiel des Teamentwicklungsprozesses kann verdeutlicht werden, wie aus Systemen mit jeweils unterschiedlichen Strukturen durch strukturelle Kopplung ein Team entstehen kann. Die einzelnen Sportler sind für sich betrachtet autopoietische Systeme, die einen individuellen strukturellen Wandel (Ontogenese) durchlaufen. Im Laufe der Teamentwicklung geht es nun darum, dass diese Systeme gemeinsam ein System höherer Ordnung bilden, ihre gegenseitigen „Verstörungen" zueinander passen und im Sinne der Teamperformance interpretiert und verarbeitet werden. Wenn der Teamentwicklungsprozess (vgl. Tuckman 1965) erfolgreich durchlaufen ist, passen die gegenseitigen „Verstörungen" und tragen zur optimalen und synergetischen Teamperformance bei. Dieser Zustand ist allerdings sehr labil, so dass Störungen von außen (z. B. Niederlagen, Spielerzukäufe) und von innen (Leistungsschwankungen, Verletzungen) dieses labile Gleichgewicht gefährden. Dann muss das Teambuilding ggf. erneut durchlaufen werden.

Wesentliche Voraussetzung für eine erfolgreiche Teamperformance ist daher, dass der Trainer erkennt und erwartet,

- dass jeder Spieler eine individuelle strukturelle Wandlung durchläuft und sich mehr oder weniger mühsam in eine bestehende Teamstruktur einfügt;
- dass auch ein Trainer eine individuelle strukturelle Wandlung durchläuft und er nicht davon ausgehen kann, dass seine Struktur für die Teammitglieder maßgeblich und richtig ist;
- dass es Ziel des Teamentwicklungsprozesses ist, strukturelle Kopplung zu erreichen und der Trainer bei diesem Teamentwicklungsprozess eine wichtige Rolle spielt und er sich als Teil des Teams verstehen sollte;
- dass eine strukturelle Kopplung zwischen den Teammitgliedern ein vorübergehendes, labiles Gleichgewicht darstellt und beständig an der Aufrechterhaltung dieses Gleichgewichts gearbeitet werden muss.

Insofern geht es im Kern darum, dass die Führungskraft (der Trainer) sowohl sensibilisiert ist für unterschiedliche strukturelle Gegebenheiten seiner Teammitglieder als auch ihre strukturellen Eigenarten kennt und versucht, strukturelle Kopplung zwischen den Beteiligten herzustellen. Dies ist als fortwährender Prozess zu verstehen: Der Aufbau einer konstruktiven Wirkumgebung für das System Team ist eine tägliche Aufgabe, da permanent von außen und innen Verstörungen eintreten (können).

Führung bedeutet also, steuernden Einfluss auf ein nicht steuerbares System auszuüben (Steinkellner 2006). Das kann nur gelingen, wenn die Führungskraft sich um passende Rahmenbedingungen bemüht, so dass konstruktive Eigendynamik und Selbstorganisation stattfinden kann. Um die adäquaten Rahmenbedingungen herstellen zu können, muss der Trainer wissen, welche Bedingungen der strukturellen Kopplung im Mannschaftsverbund leistungsförderlich sind. Dabei richtet sich die Art der strukturellen Kopplung von Systemen höherer Ordnung zwangsläufig auch nach der Aufgabe des Teams. Im Falle des Spitzensports ist – wie oben bereits ausgeführt – der sportliche Erfolg das wesentliche und einzige Kriterium, dem sich alles andere unterordnet.

Der sportliche Erfolg des Teams steht in starkem Zusammenhang mit seiner Leistung. Voraussetzung für die Leistungsfähigkeit sind u. a. entsprechende konstitutionelle, konditionelle, technisch-taktische und auch psychologische Komponenten. Inwieweit diese die tatsächliche Leistung eines Teams prognostizieren, ist vielfach untersucht worden. Das (individuelle, aber auch kollektive) Konstrukt, das den höchsten Zusammenhang zur Leistung aufweist (vgl. Burke und Jin 1996), ist die (individuelle und kollektive) Kompetenzerwartung (Bandura 1977).

Voraussetzung für kontinuierliche Spitzenleistung – Kompetenzerwartung

3

Kompetenzerwartung[1] ist die Überzeugung einer Person, sich in der Lage zu sehen, ein Verhalten, das zu einem bestimmten Ergebnis führt, auch tatsächlich zum definierten Zeitpunkt umzusetzen (Bandura 1977, 2006). Die Kompetenzerwartung ist eine extrem wichtige Komponente der Leistung, da ein physisch optimal vorbereiteter Sportler mit guten technisch-taktischen Voraussetzungen seine Leistung nicht zuverlässig abrufen kann, wenn er von seinen Fähigkeiten nicht überzeugt ist.

Der Zusammenhang zwischen Kompetenzerwartung und sportlicher Leistung war Gegenstand zahlreicher Untersuchungen. Die Befunde sind jedoch sehr heterogen und schwanken nach einer Meta-Analyse aus der Arbeitsgruppe von Moritz et al. (2000), in die 45 Studien einbezogen wurden, zwischen einem Zusammenhang von $r=0{,}01$ bis $r=0{,}79$[2]. Dennoch ergab die Meta-Analyse insgesamt einen durchaus beachtlichen mittleren Zusammenhang von $r=0{,}38$.

Da der Kompetenzerwartung auch eine Motivationsfunktion (vgl. Rheinberg 2000; Bandura und Schunk 1981) zugeschrieben wird, hat sie Einfluss darauf, welches Maß an Anstrengung eine Person aufwendet und wie lange diese aufrechterhalten wird. Personen mit ausgeprägter Kompetenzerwartung sind eher dazu bereit, auch schwierigen Aufgaben aktiv und optimistisch entgegenzutreten, Anstrengungen in die Lösung dieser Aufgaben zu investieren und diese Anstrengungsin-

[1] In der Fachliteratur werden die Begriffe Kompetenzerwartung, Kompetenzüberzeugung oder auch Selbstwirksamkeitserwartung oder Selbstwirksamkeitsüberzeugung synonym verwendet.

[2] Ein Wert von 1,0 ist ein perfekter Zusammenhang; hohe Werte der Kompetenzerwartung gehen mit hoher Leistung einher. Ein Wert von 0,0 würde keinen Zusammenhang erklären.

J. Mayer, *Führung im Spitzensport,* essentials,
DOI 10.1007/978-3-662-45788-7_3

vestition auch bei Rückschlägen aufrechtzuerhalten. Dies ist damit zu begründen, dass sie an die eigenen guten Fähigkeiten glauben und deshalb von sich selbst eine Lösung des Problems erwarten (Jerusalem 1990; Bund 2001).

Die individuelle Kompetenzerwartung der Spieler ist von der kollektiven Kompetenzerwartung zu trennen (vgl. Abb. 3.1).

Unter der kollektiven Kompetenzerwartung wird die Überzeugung des jeweiligen Spielers einer Mannschaft verstanden, eine vorliegende Aufgabe mit den gemeinsamen, gebündelten Fähigkeiten des Teams zu bewältigen. Entscheidend ist

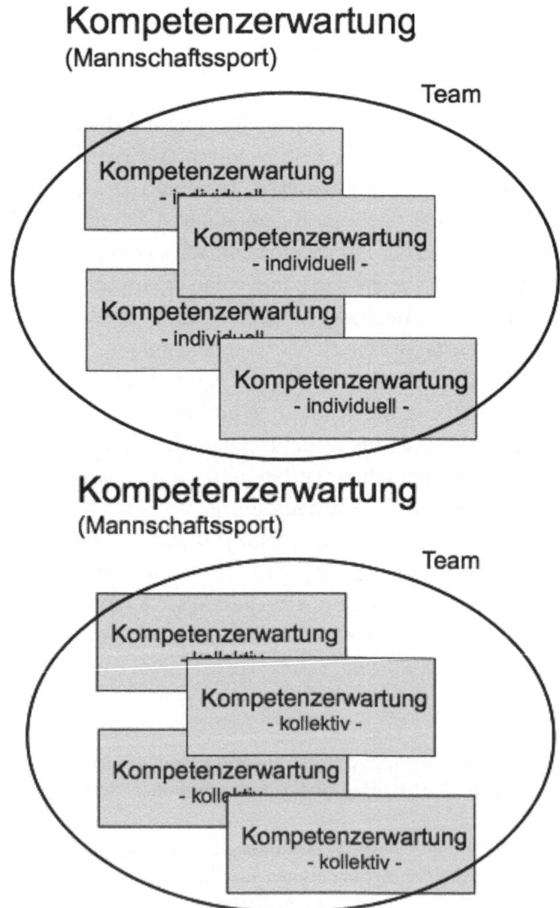

Abb. 3.1 Individuelle und kollektive Kompetenzerwartungen

hierbei das Vertrauen jedes einzelnen Spielers in die Leistungsfähigkeit der anderen Spieler und das gemeinsame Agieren als Team.

Die Bedeutung der kollektiven Kompetenzerwartung konnte in einer Untersuchung an 10 Football-Teams gezeigt werden (Myers et al. 2004). Die Überzeugung, als Team wirksam zu sein, hatte in dieser Untersuchung einen wesentlich höheren Zusammenhang mit der erzielten Leistung (r=0,56) als die Qualität des (in Fachkreisen häufig als sehr wichtig eingeschätzten) Abschlusstrainings (r=0,15). In Meta-Analysen fand sich ein durchschnittlicher Zusammenhang von r=0,36 zwischen kollektiver Kompetenzerwartung und tatsächlich erzielter Leistung (Gully et al. 2002).

Optimierung der individuellen Kompetenzerwartung

Um eine Kompetenzerwartung systematisch zu entwickeln, bieten sich nach Bandura (2006) verschiedene Ansatzpunkte an:

- Der wichtigste ist die eigene Erfahrung, also die Gewissheit, in einer vergleichbaren Situation schon einmal erfolgreich gehandelt zu haben.
- Eine zweite wichtige, aber weitaus weniger effiziente Quelle ist die indirekte Erfahrung. Durch die Beobachtung anderer oder das bloße Vorstellen der eigenen Handlung zieht der Sportler Rückschlüsse auf seine Kompetenz.
- Eine weitere Quelle ist die sprachliche Erfahrung. Der Trainer spricht dem Sportler sein Vertrauen aus bzw. lobt und verstärkt gezeigte Leistungen und suggeriert ihm dadurch die Kompetenz sprachlich (vgl. Bund 2001). Entscheidend für die Optimierung der Kompetenzerwartung des Spielers ist dabei, ob dieser den Trainer als kompetent und selbstbewusst wahrnimmt oder nicht.

Optimierung der kollektiven Kompetenzerwartung

Die Überzeugung der Spieler, als Team erfolgreich zu sein, ist stark abhängig von dem Zusammenhalt innerhalb einer Mannschaft, dem Team-Klima und dem Umgang miteinander (Feltz et al. 2008). Diese Faktoren sind das Ergebnis eines langfristig angelegten Teamentwicklungsprozesses. Ein weiterer Aspekt zur Optimierung der kollektiven Kompetenzerwartung ist die oben bereits erläuterte sprachliche Erfahrung durch den Trainer (Vargas-Tonsing und Bartolomew 2006).

Der Trainer scheint also sowohl auf die individuelle als auch auf die kollektive Kompetenzerwartung einen relevanten Einfluss zu haben.

In der sportpsychologischen Praxis fällt dabei auf, dass in vielen Fällen durchaus Maßnahmen zur Optimierung der Kompetenzerwartung durchgeführt werden, sich dadurch aber kaum ein Effekt auf Spieler bzw. Team zeigt. Diese Beobachtungen führen zu der Vermutung, dass weniger das, was der Trainer macht oder sagt, für die Ausprägung von Kompetenzerwartung relevant ist, sondern vielmehr bestimmte Einstellungen oder Grundhaltungen des Trainers. Anders ausgedrückt erscheint das, was der Trainer zum Aufbau der Kompetenzerwartung von Spielern und Team unternimmt, ohne entsprechende grundlegende Einstellungen oder Grundhaltungen des Trainers als unglaubwürdig und verpufft.

Der Trainer ist somit in mehrfacher Hinsicht der entscheidende Ausgangspunkt in der Entwicklung funktionierender Teams. Die Anforderung besteht zunächst darin, die Sportler möglichst gut kennenzulernen, um die strukturellen Besonderheiten des jeweiligen Sportlers zu ergründen. Dazu müssen dessen Erleben, dessen privat- und sportbezogener Kontext sowie dessen individuelle Zielstellungen erfasst werden (vgl. Hermann und Mayer 2014). Dies gelingt dem Trainer nur durch Kommunikation, wobei hier weniger die Ansprache und das Reden an sich als vielmehr das Zuhören von Bedeutung ist.

Um im Kontext Spitzensport über Zuhören die für den einzelnen Spieler relevanten und bedeutsamen Aspekte (seine individuelle Struktur und deren stetiger Wandel) zu erfahren und mitzubekommen, sind bestimmte emotional-kognitive Grundhaltungen des Trainers unerlässlich. Diese Grundhaltungen sind Voraussetzung dafür, dass die individuelle und kollektive Kompetenzerwartung entwickelt und aufgebaut werden kann und somit das Erreichen der oben formulierten Zielstellungen

- kontinuierlich maximale Leistung bei
- hoher intrinsischer Motivation

möglich wird.

Grundhaltungen von Trainern als Voraussetzung für individuelle und kollektive Kompetenzerwartung

4

Grundhaltung 1 Souveränität ausstrahlen – eigene Kompetenz erwarten

> I think the most important thing about coaching is that you have to have a sense of confidence about what you're doing. You have to be a salesman and you have to get your players, particularly your leaders, to believe in what you're trying to accomplish on the basketball floor. (Phil Jackson 2003 nach Feltz et al. 2008, S. 152)

Souveräne Führungskräfte haben eine bestimmte Ausstrahlung. In der nur sehr spärlich vorhandenen Literatur zur psychologischen Interpretation des Begriffs Souveränität finden sich Beschreibungen von der Wirkung souveräner Personen: Nach Volk (2009) wirken souveräne Menschen auf andere reflektiert, selbstsicher, überzeugend und dadurch glaubwürdig. Sie lassen sich durch Schwierigkeiten, Hindernisse oder Widerstände nicht beeindrucken. Sie sind stabil und gelassen in brenzligen Situationen, behalten einen „kühlen Kopf", den Überblick und übernehmen für sich genau wie für ihre Fehler nüchtern die Verantwortung.

Nach Volk (2009) lernen souveräne Menschen, dass sie meistens für Hindernisse einen Weg finden oder zumindest teilweise darauf Einfluss nehmen können. Dies entspricht weitestgehend dem Konzept der Kompetenzerwartung nach Bandura (s. o.). Würde dies bedeuten, dass sich Personen mit einer souveränen Ausstrahlung durch besondere Überzeugungen von den eigenen Fähigkeiten auszeichnen? Wie oben bereits ausgeführt, spielt nicht nur die Kompetenzerwartung des Spielers, sondern auch die Kompetenzerwartung des Trainers für den sportlichen Erfolg eine bedeutende Rolle. Sie geht so gesehen sogar der Kompetenzerwartung des Sportlers voraus.

J. Mayer, *Führung im Spitzensport,* essentials,
DOI 10.1007/978-3-662-45788-7_4

Der Zusammenhang zwischen einer souveränen Wirkung einer Person auf andere und einer damit einhergehenden hohen Kompetenzerwartung dieser Person wird auch beim juristisch beanspruchten Begriff Souveränität beschrieben. Nach Wessel (2005) hat eine souveräne Institution, aber auch ein souveränes Individuum die Verfügungsgewalt über seine inneren Angelegenheiten.

Die inneren Angelegenheiten einer Person sind ihre Kompetenzen und eben auch die Erwartung der Wirksamkeit dieser Kompetenzen. Entscheidend hinsichtlich eines souveränen Auftretens ist also, wie der einzelne mit seinen Kompetenzen umzugehen vermag, was die Überzeugung von diesen Kompetenzen in der aktuellen Situation natürlich einschließt. Hermann und Mayer (2014) sprechen in diesem Zusammenhang von Rollensouveränität.

Beeinflusst wird die Trainer-Kompetenzerwartung in erster Linie durch die eigene Erfahrung als Trainer (wobei hier eben auch Erfolg und Misserfolg zu berücksichtigen sind). In entsprechenden Studien zeigt sich der größte Zusammenhang zwischen Jahren der Trainererfahrung und der Trainer-Kompetenzerwartung (Feltz et al. 1999). Außerdem wirkt die wahrgenommene Leistungsfähigkeit und Einschätzung durch seine Spieler sowie die wahrgenommene Unterstützung von außen (z. B. durch das Management) auf die Kompetenzerwartung des Trainers (zum Aufbau der eigenen Kompetenzerwartung vgl. ausführlich Hermann und Mayer 2014).

Das Verhalten von Trainern mit hoher Kompetenzerwartung wirkt sich positiv auf die Zufriedenheit der Spieler, deren Performance und deren individuelle und kollektive Kompetenzerwartung, aber auch auf den Teamzusammenhalt aus (vgl. Abb. 4.1). Wurde oben noch auf die Notwendigkeit einer individuellen, aber auch kollektiven Kompetenzerwartung hingewiesen – und dabei eben auch die Rolle des Trainers (Zuspruch, Ansprachen etc.) verdeutlicht, wird jetzt ersichtlich, dass

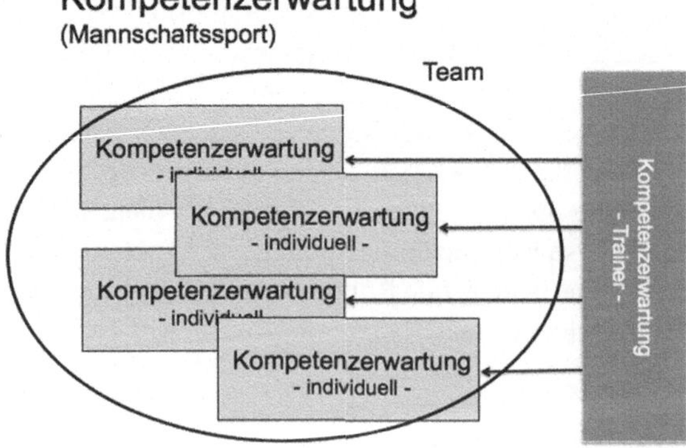

Abb. 4.1 Wirkungen der Kompetenzerwartung des Trainers auf die Kompetenzerwartungen der Spieler eines Teams

der Trainer diese Aufgaben auch nur dann überzeugend umsetzen kann, wenn seine eigene, die Trainer-Kompetenzerwartung hoch ausgeprägt ist.

Auch die Wahrnehmung des Trainers durch die Sportler spielt eine entscheidende Rolle. Nimmt der Sportler seinen Trainer als selbstbewusst wahr, hat dies einen positiven Einfluss auf die Kompetenzerwartung des Sportlers (Vargas-Tonsing et al. 2004).

Um kontinuierlich erfolgreich zu sein, reicht es jedoch nicht aus, lediglich eine hoch ausgeprägte Kompetenzerwartung des Trainers einzufordern. Darüber hinaus sind weitere Grundhaltungen wichtig.

Grundhaltung 2 Prozessorientierung leben

> I believe a big part of leadership is about winning the moment. (Mike Krzyzewski 2000)

Prozessorientiertes Führen ist im Rahmen von Führungstheorien schon des Öfteren diskutiert worden (vgl. Hinz 2007). Grundsätzlich sei an dieser Stelle auf den Qualitätsbegriff von Donabedian (1968, vgl. Graf und Janssens 2008) hingewiesen, der die drei Qualitätsdimensionen Strukturqualität, Prozessqualität und Ergebnisqualität unterscheidet. Die organisatorischen Rahmenbedingungen (Strukturqualität – hier in Abgrenzung zum Strukturbegriff im Rahmen der Systemtheorie nach Maturana und Varela), wie Infrastruktur, Fähigkeiten der Mitarbeiter, Arbeitsbedingungen, ermöglichen die Handlungen und die Art und Weise, wie diese erbracht werden (Prozess), was letztlich zu einer hohen Ergebnisqualität (Differenz zwischen Eingangs- und Ausgangszustand) führt. Hohe Prozessqualität korreliert idealerweise mit einer hohen Ergebnisqualität (vgl. Graf und Janssens 2008). Auch wenn die Querverbindungen zwischen den einzelnen Qualitäten eine hohe Komplexität aufweisen, wirken prinzipiell die Strukturen auf die Prozesse und diese beeinflussen die Ergebnisqualität.

Gerade im Spitzensport ist eine Überbewertung der Ergebnisqualität zu beobachten.

Prozessorientierung bedeutet, durch eine ständige Verbesserung der Prozesse die Steigerung von Qualität und Produktivität zu erreichen. Einem prozessorientierten Führungsverhalten liegt dabei ein wesentliches Prinzip der Aufmerksamkeitsregulation im Rahmen des sportpsychologischen Trainings zugrunde. Das Phänomen, dass viele Sportler in Wettkampfsituationen Schwierigkeiten haben, sich auf das Wesentliche zu konzentrieren, lässt sich auch anhand eines Zeitstrahls verdeutlichen (vgl. Abb. 4.2). Wenn es darauf ankommt, ist Konzentration (Fokus) auf die aktuelle Aufgabe gefordert (4.2a). Gerade in derartigen Situationen erleben Sportler, dass sie sich mit Dingen aus der Vergangenheit oder möglichen Folgen in

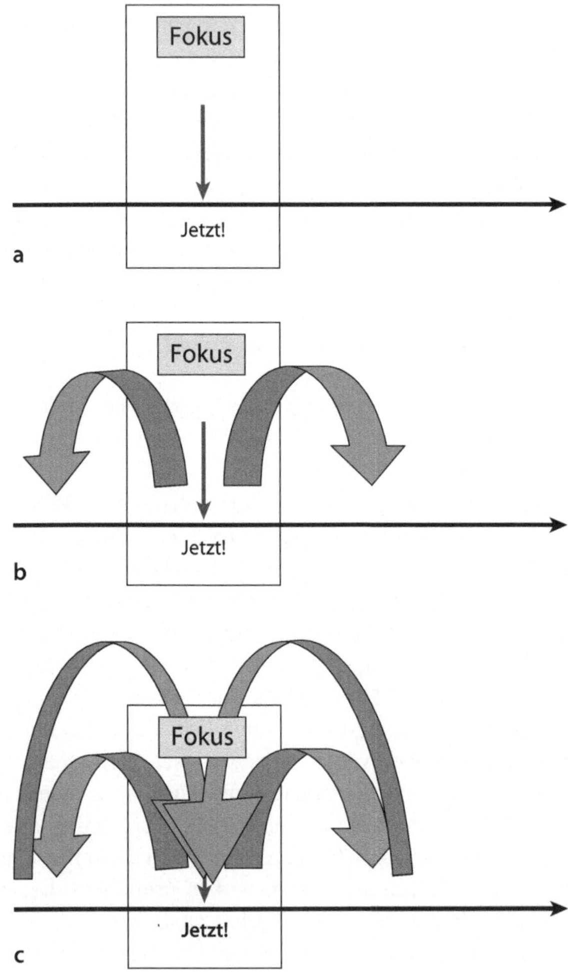

Abb. 4.2 Fokus – Aufmerksamkeit im Hier und Jetzt (aus Mayer und Hermann 2011, S. 11).

der Zukunft beschäftigen (4.2b). Der Sportler muss erkennen, wann er den Fokus verlässt, und eigeninitiativ zurück zum Hier und Jetzt finden (4.2c). Der Sportler sollte im entscheidenden Augenblick in der Lage sein, seine Aufmerksamkeit auf das Wesentliche, den Handlungsablauf, zu fokussieren. Viele Sportler beschäftigen sich gerade im Wettkampf mit möglichen Szenarien in der Zukunft (positiv wie negativ) oder auch mit Ereignissen aus der Vergangenheit (z. B. Erinnerungen an vergleichbare Erlebnisse, auch hier positiv wie negativ). Die situativen Bedingungen sind dabei häufig ursächlich dafür, dass der Sportler den Fokus verliert (Mayer und Hermann 2011).

Wenn ein Sportler eine Handlung optimal – auf seinem individuell höchsten Niveau – durchführen soll, benötigt er 100 % seiner Aufmerksamkeit für diese Handlung: höchste Konzentration. Dies gelingt vielen Sportlern im Training oder bei einfachen bzw. unbedeutenden Wettkämpfen. Wenn es aber darauf ankommt, also bei entscheidenden Wettkämpfen, werden viele Sportler durch die geänderte Situation (Medien, Erwartungen, Konsequenzen, Zuschauer) von der Aufgabe abgelenkt und beschäftigen sich mit dieser Situation. Typisch sind dann Äußerungen wie „Was passiert, wenn ich jetzt einen Fehler mache?". Man spricht in solchen Fällen auch von Lageorientierung („In welcher Situation befinde ich mich?"), zu deren Gunsten die Handlungsorientierung („Was ist hier zu tun?") aufgegeben wird (Kuhl 2001).

Ein prozessorientiertes Handeln von Führungskräften ist gerade auch bei hohen Zielstellungen, drohenden negativen Konsequenzen und hoher individueller Beanspruchung von zentraler Bedeutung. Gerade im Spitzensport werden mit Titeln und Medaillen häufig sehr hohe Zielstellungen formuliert. Diese sind auch außerordentlich wichtig, um eine entsprechende Motivation zu überdurchschnittlichen Trainingsanstrengungen zu erreichen. Jedoch muss zum Zeitpunkt des Wettkampfs diese Ziel- oder Ergebnisorientierung zugunsten einer Prozessorientierung aufgegeben werden. Peak-Performance auf einem hohen Niveau setzt im Sport automatisierte und stressresistente Handlungsmuster voraus. Um in der Leistungssituation prozessorientiert handeln zu können, muss langwieriges, konsequentes und intensives Training vorangegangen sein. Nur dann können sich entsprechende Automatismen ausbilden und der Sportler kann darauf vertrauen.

Im Wettkampf kann ergebnisorientiertes Denken diese Automatismen stören. Der Sportler (und auch der Trainer) muss Vertrauen in die antrainierten Automatismen entwickeln und zuversichtlich sein, dass die bestmögliche Performance mit hoher Wahrscheinlichkeit zum erwünschten Ergebnis führt. Erzwingen lässt sich sportliche Spitzenleistung nicht, sie passiert.

Auch moderne Verfahren der bildgebenden Neurophysiologie konnten zeigen, dass im Moment der Peak-Performance der verbal-analytische Teil des Gehirns deaktiviert zu sein scheint. So konnte bei Golfern und Schützen (Crews und Landers 1993; Haufler et al. 2002) im Moment der Schlag- oder Schussabgabe eine linkshemisphärische Deaktivierung beobachtet werden (die linke Hemisphäre steuert u. a. das planvolle, logische Denken). In einer entsprechenden Untersuchung an Karateka (Collins et al. 1990) war sogar im Moment des Durchschlagens eines Bretts mit der Handkante eine komplette kortikale Deaktivierung zu beobachten.

Wie schon erwähnt, ist eine wichtige Voraussetzung für dieses prozessorientierte Denken eine gute oder nahezu optimale Qualität der Performance, eine ideale Vorbereitung sowie die Überzeugung des Sportlers, das vorhandene Potenzial auch in Leistung umsetzen zu können. Aufgabe der Führungskraft/des Trainer ist es, diese Überzeugung bei den Mitarbeitern/Sportlern aufzubauen und aufrechtzuerhalten. Wenn die Führungskraft (der Trainer) am Prozess zweifelt, wird sich Kompetenzerwartung beim Sportler nur schwer einstellen können. Es geht also auch darum, eine Atmosphäre des Vertrauens herstellen zu können.

Grundhaltung 3 Vertrauen

> And bad times are a part of what leadership must deal with. That's when you need the trust of those under your supervision. They have to believe in you. Without trust they may cut and run; with trust they will follow you into uncharted waters. (John Wooden 2009)

Der Vertrauensbegriff ist in den letzten Jahren recht häufig in Verbindung mit Führungsverhalten gebracht worden (vgl. z. B. Sprenger 2007). Ganz allgemein können folgende Bestimmungsmerkmale für Vertrauensbeziehungen zwischen Führungskraft und Mitarbeiter festgehalten werden (vgl. Neuberger 2006): Vertrauen drückt die Qualität einer Beziehung aus. Derjenige, der vertraut, geht dabei freiwillig eine Vorleistung ein, die nicht abgesichert ist.

Vertrauensbeziehungen sind durch Sympathie, Wertschätzung, Wohlwollen, Nähe und Spontaneität gekennzeichnet, Misstrauensbeziehungen durch Abwertung, Distanz und Reserviertheit (Neuberger 2006). Vertrauen kann man aber nicht direkt herstellen. Auch die Aufforderung „Ihr müsst mir Vertrauen!" ist nur ein hilfloser Appell. Der Trainer kann allenfalls Signale aussenden bzw. selbst sein Vertrauen anbieten – er muss Vorleistungen erbringen und abwarten, ob sein Angebot wahrgenommen wird (Neuberger 2006).

Nach Platzköster (1990) hat ein vertrauensvoller Führungsstil viele Vorteile: Er ist langfristig leistungssteigernd, stabilisiert soziale Beziehungen und Systeme, macht anpassungsfähig, verbessert den Informationsfluss, wirkt sich positiv auf eine offene und aufrichtige Kommunikation aus, führt zu positiven Einstellungen zur Organisation und zum Beruf. Zand (1997, S. 122) formuliert folgende „laws of trust":

- Misstrauen vertreibt Vertrauen.
- Vertrauen erhöht den Zusammenhalt.
- Misstrauische Gruppen zerstören sich selbst.
- Vertrauen stimuliert Produktivität.

- Misstrauen senkt Produktivität.
- Schnelles Wachstum maskiert Misstrauen.

Empirische Studien bestätigen diese Einschätzung. So finden sich durchweg positive Zusammenhänge von Vertrauen zu verschiedenen, tätigkeitsbezogenen Aspekten der Zusammenarbeit (Dirks und Ferrin 2001). Demnach korreliert Vertrauen u. a. positiv mit unterschiedlichen Aspekten von Kommunikation (z. B. Offenheit der Kommunikation, Teilung und Austausch von Informationen). Ebenfalls sprechen mehrere Studien dafür, dass Vertrauen in einem positiven Zusammenhang mit individueller Leistung, der Teamperformance sowie mit verschiedenen Aspekten der Arbeitszufriedenheit steht (Dirks und Ferrin 2001).

Neuberger (2006) sieht dies allerdings kritisch. Seiner Ansicht nach wird der Vertrauensdiskurs einseitig und verklärend geführt: Vertrauen wird als Allheilmittel *„für fast alle interpersonalen oder organisationalen Pathologien angepriesen*" (Neuberger 2006, S. 27). Neuberger plädiert für ein gesundes Misstrauen: So gibt es beispielsweise in jeder Demokratie oder auch in der Wissenschaft sinnvolle (misstrauende) Kontrollinstanzen.

Wahrscheinlich hängt es von den strukturellen Gegebenheiten der Institution ab, ob Vertrauen eine sinnvolle Führungsgrundhaltung ist oder nicht. Nach Ripperger (1998, S. 181) ist Vertrauen u. a. auch an genügend Zeit und Gelegenheiten im gegenseitigen Kontakt der Interaktionspartner gebunden, wenn es sich nicht um *„one shot business*" handelt, sondern die Partner immer wieder miteinander *„ins Geschäft kommen*". Dann gibt es auch genügend Gelegenheiten, auf die Enttäuschung von Vertrauen wirksam zu reagieren. Je größer und unübersichtlicher (bezüglich der teilnehmenden Personen, aber auch der Möglichkeit des Face-to-face-Kontakts) eine Institution oder Organisation, desto schwieriger ist es, Vertrauen aufzubauen. Dann muss mehr über Regeln und Gesetze geführt werden, deren Einhaltung auch kontrolliert werden muss.

Zweifellos kann auch über Misstrauen, Angst und Kontrolle (kurzfristiger) Erfolg entstehen. Es gibt auch denkbare Modelle, wie man auf diese Art und Weise längerfristig erfolgreich sein kann, z. B. indem man in regelmäßigen Abständen das Team komplett austauscht.

Das Führungsprinzip „Vertrauen ist gut – Kontrolle ist besser" verhindert jedoch Selbstorganisation (vgl. u. a. Vollmer et al. 2006) und damit die Chance einer zweckmäßigen strukturellen Kopplung, die hier als wesentliche Voraussetzung für den Aufbau einer kollektiven Kompetenzerwartung angesehen wird.

Krapp und Ryan (2002) nehmen nach der Selbstbestimmungstheorie (Deci und Ryan 1985) zudem an, dass intrinsische Motivation nur dann auftritt, wenn sich die handelnde Person als hinreichend autonom (oder selbstbestimmt) wahrnimmt.

Autonomie wird in diesem Zusammenhang verstanden als Übereinstimmung zwischen dem, was die Person selbst für wichtig hält und gerne tun möchte, und den in der aktuellen Situation geforderten Aufgabenstellungen. „*Selbst wenn sich eine Person kompetent und hoch wirksam fühlt, wird sie keine intrinsische Motivation entwickeln, wenn sie gleichzeitig das Gefühl hat, von außen kontrolliert zu sein, sei es durch Belohnung, Strafandrohung oder andere Formen von Zwang*" (Krapp und Ryan 2002, S. 59). Diese Annahme wurde durch zahlreiche empirische Befunde bestätigt (Deci und Ryan 2000).

Das dauerhafte erfolgreiche Arbeiten mit einem Team setzt somit gegenseitiges Vertrauen voraus.

Entscheidend für das Vertrauen der Spieler ist das Verhalten des Trainers, der den ersten Schritt machen und die Vertrauensspirale (Vertrauen wird mit Gegenvertrauen honoriert) in Gang setzen kann.

Nach Hermann und Mayer (2014) sind zum Aufbau von Vertrauen folgende Merkmale des Führungsverhaltens empfehlenswert:

- Aktive Kommunikation: Der Trainer sucht aktiv das Gespräch und zeigt Interesse an den Sportlern.
- Relative soziale Gleichabständigkeit: Der Trainer achtet darauf, mit möglichst allen seinen Sportlern gleich häufig Kontakt herzustellen.
- Subjektive Fairness: Der Trainer versucht fair mit seinen Sportlern umzugehen, erahnt, wann sich ein Sportler unfair behandelt fühlt, und geht dann aktiv auf diesen Sportler zu.
- Kongruenz zwischen Reden und Handeln: Der Trainer achtet darauf, dass seine Worte und sein Handeln einander entsprechen.

5 Transfer: Was bedeuten diese Erkenntnisse aus dem Spitzensport für die Führung im Unternehmen?

Was kann der hier vorgestellte Impuls aus der Sportpsychologie zu Fragen der Führung im Unternehmen beitragen? Ist die Führung von Teams im Hochleistungssport überhaupt auf außersportliche Bereiche wie Organisationen in der Wirtschaft und Industrie anwendbar?

Natürlich ist der Spitzensport ein spezielles Setting. Man hat es mit (Klein-) Gruppen zu tun, die aus absoluten Höchstleistern in ihrem Bereich zusammengesetzt sind und bei denen man nicht nur von einem außergewöhnlichen Trainingszustand ausgeht (was mit einer außergewöhnlichen Belastbarkeit einhergeht), sondern bei denen man auch eine außergewöhnliche hohe (intrinsische) Motivation annimmt.

Aber finden wir vergleichbare Teams aus absoluten Spezialisten mit ausgeprägter Motivation nicht auch in nahezu jedem Wirtschaftsunternehmen? Bzw. liegt es nicht in der Verantwortung der Unternehmen, Rahmenbedingungen zu schaffen, in denen intrinsische Motivation entstehen kann? Spielt sich der (sportliche) Wettkampf mit den entsprechenden Konsequenzen bei Erfolg und Misserfolg nicht ebenso im Alltag der Unternehmen ab?

Vielleicht ist es dieser Perspektivwechsel, der ein entscheidender Impuls aus der Sportpsychologie sein kann; der Perspektivwechsel, der den Mitarbeiter als motivierten Höchstleister betrachtet und von der Führungskraft verlangt, Rahmenbedingungen einzurichten, unter denen der Mitarbeiter seine Stärken optimal verwirklichen kann. Eine der wesentlichen Rahmenbedingungen ist die Führungskraft selbst, die Art und Weise, wie sie zu dem Mitarbeiter und der Anforderung steht.

J. Mayer, *Führung im Spitzensport,* essentials,
DOI 10.1007/978-3-662-45788-7_5

Was Sie aus diesem Essential mitnehmen können

- Ziel der Führung ist kontinuierlicher Erfolg bei hoher intrinsischer Motivation der Mitarbeiter.
- Führung bedeutet, individuell relevante Rahmenbedingungen zu gestalten, so dass konstruktive Eigenleistung und Selbstorganisation des Mitarbeiters ermöglicht wird.
- Zentrales Element für das erfolgreiche Agieren ist die individuelle und kollektive Kompetenzerwartung der Mitarbeiter, die ganz wesentlich auch mit der eigenen Kompetenzerwartung der Führungskraft zusammenhängt.
- Wichtiger als das, was die Führungskraft macht, sind Grundhaltungen zu Mitarbeitern und zur Führungsaufgabe. Diese Grundhaltungen sind:
  - eine eigene Kompetenzerwartung zu entwickeln, um souverän wirken zu können,
  - Prozessorientierung zu leben und
  - Vertrauen zu den Mitarbeitern zu entwickeln, um sich so deren Vertrauen zu erarbeiten.

J. Mayer, *Führung im Spitzensport,* essentials,
DOI 10.1007/978-3-662-45788-7

Literatur

Bandura, A. (1977). Self-efficacy: Toward a unifying theory of behavioral change. *Psychological Review, 84,* 191–215.

Bandura, A. (2006). Social cognitive theory. In S. Rogelberg (Hrsg.). *Encyclopedia of industrial/organizational psychology*. Beverly Hills: Sage Publications.

Bandura, A., & Schunk, D. H. (1981). Cultivating competence, self-efficacy, and intrinsic interest through proximal self-motivation. *Journal of Personality and Social Psychology, 41,* 586–598.

von Bertalanffy, L. (1968). *General system theory*. New York: Braziller.

Bette, K. H. (1984). *Die Trainerrolle im Hochleistungssport*. Sankt Augustin: Richarz.

Bund, A. (2001). Zur Bedeutung des allgemeinen und aufgabenbezogenen Selbstvertrauens für das Bewegungslernen. *Psychologie und Sport*, *8*(3), 78–90.

Burke, K. L., & Jin, P. (1996). Predicting performance from a triathlon event, *Journal of sport Behavior, 19,* 272–287.

Capra, F. (1985). *Wendezeit. Bausteine für ein neues Weltbild*. München: Scherz.

Collins, D., Powell, G., & Davies, I. (1990). An electroenphalographic study of hemispheric processing patterns during karate performance. *Journal of Sport and Exercise Psychology, 12,* 223–234.

Crews, D. J., & Landers, D. M. (1993). Electroencephalographic measures of attentional patterns prior to the golf putt. *Medicine & Science in Sports and Exercise, 25,* 116–126.

Deci, E. L., & Ryan, R. M. (1985). *Intrinsic motivation and self-determination in human behavior*. New York: Plenum Press.

Deci, E. L., & Ryan, R. M. (2000). The odicalib12" type="nd self-determination in human behaviorr to the golf putt performan. *Psychological Inquiry, 11,* 227–268.

Dirks, K., & Ferrin, D. 2001. The role of trust in organizational settings. *Organization Science, 12,* 450–467.

Donabedian, A. (1978). The quality of medical care. *Science, 200,* 856–864.

Eberspächer, H., Mayer, J., Hermann, H.-D., & Kuhn, G. (2005). Olympiasonderförderung Sportpsychologie. *Leistungssport, 35*(1), 38–41.

Feltz, D. L., Short, S. E., & Sullivan, P. J. (2008). *Self-efficacy in sport*. Champaign: Human Kinetics.

Fischer, H. R. (1993). Murphys Geist oder die glücklich abhanden gekommene Welt. In H. R. Fischer (Hrsg.), *Autopoiesis* (S. 9–37). Heidelberg: Auer.

J. Mayer, *Führung im Spitzensport,* essentials,
DOI 10.1007/978-3-662-45788-7

Gambetta, D. (1988). Mafia: The price of distrust. In D. Gambetta (Hrsg.), *Trust: Making and breaking cooperative relations* (S. 158–175). New York: Basil Blackwell.

Graf, J., & Janssens, U. (2008). Historie des Qualitätsmanagements. *Intensivmedizin und Notfallmedizin, 45,* 171–181.

Hagedorn, G. (1987). Trainer – die soziale Rolle eines integrierten Außenseiters. In H. Rieder & U. Hanke (Hrsg.), *Sportlehrer und Trainer heute* (S. 58–71). Köln: Sport und Buch Strauß.

Haufler, A. J., Spalding, T. W., Maria, D. L. S., & Hatfield, B. D. (2002). Neuro-cognitive activity during a self-paced visuospatial task: Comparative EEG profiles in marksmen and novice shooters (Bd. 53, S. 131, 2000). *Biological Psychology, 59*(1), 87–88.

Hermann, H.-D., & Mayer, J. (2014). *Make them go! Was wir vom Coaching für Spitzensportler lernen können.* Hamburg: Murmann.

Hinz, W. (2007). *Prozessorientiert führen: Krisen bewältigen – Interessenbasiert handeln – Grundlagen, Methoden, Erfahrungen.* München: Hanser.

Jerusalem, M. (1990). *Persönliche Ressourcen, Vulnerabilität und Stresserleben.* Göttingen: Hogrefe.

Krapp, A., & Ryan, R. M. (2002). Selbstwirksamkeit und Lernmotivation. *Zeitschrift für Pädagogik (Selbstwirksamkeit und Motivationsprozesse in Bildungsinstitutionen), 44*(Beiheft), 54–82.

Krzyzewski, M., & Phillips, D. T. (2000). *Leading with the heart.* New York: Warner Books.

Kuhl, J. (2001). *Motivation und Persönlichkeit. Interaktionen psychischer Systeme.* Göttingen: Hogrefe.

Maturana, H. R. (1982). *Erkennen. Die Organisation und Verkörperung von Wirklichkeit. Ausgewählte Arbeiten zur biologischen Epistemologie.* Braunschweig: Vieweg.

Maturana, H. R., & Varela, F. J. (1987). *Der Baum der Erkenntnis.* München: Scherz.

Mayer, J., & Hermann, H.-D. (2011). *Mentales Training.* Heidelberg: Springer.

Mayer, J., Kuhn, G., Hermann, H.-D., & Eberspächer, H. (2009). Sportpsychologische Betreuung der Spitzenverbände 2003–2008 – eine Bilanz. *Leistungssport, 39*(2), 19–22.

Moritz, S. E., Feltz, D. L., Fahrbach, K. R., & Mack, D. E. (2000). The relation of self-efficacy measures to sport performance: A meta-analytic review. *Research Quarterly for Exercise and Sport, 71*(3), 280–294.

Munroe-Chanlder, K., Hall, C., & Fishburne, G. (2008). Playing with confidence: The relationship between imagery use and self-confidence and self-efficacy in youth soccer players. *Journal of Sports Sciences, 26*(14), 1539–1546.

Myers, N. D., Feltz, D. L., & Short, S. E. (2004). Collective efficacy and team performance: A longitudinale study of collegiate football teams. *Group Dynamics: Theory, Research, and Practice, 8,* 126–138

Neuberger, O. (2002). *Führen und führen lassen.* Stuttgart: Lucius & Lucius.

Neuberger, O. (2006). Vertrauen vertrauen? Misstrauen als Sozialkapital. In K. Götz (Hrsg.), *Vertrauen in Organisationen* (S. 11–56). München: Hampp.

Paslack, R. (1991). *Urgeschichte der Selbstorganisation. Zur Archäologie eines wissenschaftlichen Paradigmas.* Wiesbaden: Vieweg.

Platzköster, N. (1990). *Vertrauen – Theorie und Analyse interpersoneller, politischer und betrieblicher Implikationen.* Essen: Beleke.

Rheinberg, F. (2000). *Motivation.* Stuttgart: Kohlhammer.

Ripperger, T. (1998). *Ökonomik des Vertrauens – Analyse eines Organisationsprinzips.* Tübingen: Mohr.

von Schlippe, A., & Schweitzer, J. (1999). *Lehrbuch der systemischen Therapie und Beratung*. Göttingen: Vandenhoeck & Ruprecht.

Sprenger, R. K. (2007). *Vertrauen führt*. Frankfurt: Campus.

Steinkellner, P. (2006). Systemische Führung. In O. Dengg (Hrsg.), *Coaching – Ein Instrument für Management und Führung*. Wien: LVAk

Tuckman, B. W. (1965). Developmental sequences in small groups *Psychological Bulletin, 63,* 348–399.

Vargas-Tonsing, T. M., & Bartolomew, J. B. (2006). An exploratory study of the effects of pregame speeches on team efficacy beliefs. *Journal of Applied Social Psychology, 36*(4), 918–933.

Vargas-Tonsing, T. M., Myers, N. D., & Feltz, D. L. (2004). Coaches' and athletes' perceptions of efficacy-enhancing techniques. *The Sport Psychologist, 18,* 397–414.

Volk, H. (2009). Souverän im Leben stehen. *Krankendienst, 3,* 80–83.

Vollmer, A., Clases, C., & Wehner, T. (2006). Vertrauen und kooperatives Handeln – Ein arbeits- und organisationspsychologischer Zugang. In K. Götz (Hrsg.), *Vertrauen in Organisationen* (S. 169–184). München: Hampp.

Wessel, K. F. (2005). *Der souveräne Mensch*. Vortrag vom 16.06.2005, Humanontogenetisches Kolloquium Nr. 42.

Wooden, J. (2009). Coach Wooden's leadership game plan for success: 12 lessons for extraordinary performance and personal excellence. New York: Mcgraw Hill Book Co.

Zand, D. E. (1997). The leadership triad: Knowledge – trust – power. New York: Oxford University Press.